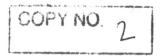

ARTS C
PC

THE DANCE
IN THE VILLAGE

and other poems

THE DANCE IN THE VILLAGE

and other poems

Christina Forbes Middleton

ABERDEEN UNIVERSITY PRESS

First published 1981
Aberdeen University Press
A member of the Pergamon Group

© Christina Forbes Middleton 1981

British Library Cataloguing in Publication Data
Middleton, Christina Forbes
  The dance in the village and other poems
  I. Title
  821′.914   PR6063.I/H

  ISBN 0 08 028438 8

Design by AUP Graphics

PRINTED IN GREAT BRITAIN
THE UNIVERSITY PRESS
ABERDEEN

CONTENTS

INTRODUCTION

A drama adjudicator once remarked, 'The Scots are a partisan crew. They'll laugh at anything, even in the wrong place, however badly performed it may be, as long as it's Scottish. They cannot be truly objective.' I would question this viewpoint. All Scottish writing is not humorous; nor is it intended to be. Moreover, the Scots can select and reject with the best of them. But when the Scots enter the realms of comedy, the humour is of the droll variety, matched only perhaps by the Irish.

Why have I compiled this book? In this respect I have surprised even myself. Frankly, I have never been particularly fond of poetry. I can still rattle off Wordsworth's 'Daffodils' without a falter and passages from 'The Ancient Mariner', but for a long time all poetry was reminiscent of schooldays. In those formative years, Kipling and Masefield had a wonderful rhythm to their writing, which I found pleasurable.

As to the Scottish poets, one immediately thinks of the incomparable Robert Burns. He possessed an excellent insight into human nature and his words are both quoted and cribbed the world over. I have had my own little whack at Rabbie.

I confess to having a great admiration for Charles Murray. I have even heard 'The Whistle' performed by an exile, one dreamy evening in California. My first introduction to Murray's work was his masterpiece, 'It wasna his wyte'. I can remember rocking with laughter at the word *futret*. It was so delightfully droll. No, we cannot escape that word when making reference to this brand of humour.

Probably the first rhyme I ever heard in the basic Doric was the following:

> Oh dearie me
> Ma Granny catched a flea
> She roastit it an' toastit it
> An' gie'd me't tae ma tea.

I enjoy writing in English and indeed have prepared a separate set of poems. I must confess it is far easier to type in English than in the Doric of the Northeast of Scotland. English is a beautiful language, but it is rapidly being defiled. Words and phrases such as *gay, make it, fabulous, fantastic, dig, screw*, etc., have taken on other meanings. The Doric, fortunately, has not suffered, probably because of lack of common usage. Aren't the words *scutter, stammagaster, ferfochen* to mention only a few, so descriptive?

I should like to point out that the lass in 'The Dance in the Village', the first poem I performed in public, is *not* the author, although my cousin Bill still maintains that this is the case. I admit I have had my share of disappointments when the current object of my girlish dreams did not return my affection, but there is nothing autobiographical about the rhyming tale. I feel sure that most women will be able to identify with some of the thoughts, feelings and doubts expressed by the poem's narrator.

I have included, by request, 'The Martian in the Midden', the comedy where visitors from space meet a very down-to-earth Aberdeenshire couple. The dedication before the poem speaks for itself. I have also chosen to present my longest and perhaps most sentimental story in rhyme 'The Hafflin Loon an' the Lady'. It was written in my garden during the summer of 1978.

Finally, as a free-thinking woman of today, I have not shown any female chauvinist bias in preparing this work. A number of the poems can be, and indeed are better, performed by men.

C. F. M.

EFTER I GING TAE MA BED

I'm sure I'm a misunderstood genius
Though I'm nae a' that weel read
An' I get ma best ideas
Efter I ging tae ma bed.

Although I'm nae really tryin'
Something comes ower ma brain
For a'things sae clear an' cut an' dried
Withoot ony kin' o' strain.

Its then I min' again on the tune
That I tried a' day tae reca'
An' ither half-forgotten things
Come back like a gweed stottin' ba'.

The name o' the chiel that mairried Belle
The wife's favourite sandwich spread
A range o' unrelated things
Efter I ging tae ma bed.

The verra date the cat kittle't
The wirds o' Auld Lang Syne
Events baith comical an' serious
Frae the ridiculous tae the sublime.

An' then on a mair intellectual vein
Some classical music I'm composin'
An idea for an opera
Fin ithers may be dozin'.

Then there's ma best-sellin' novel
I write wi' sic honour an' ease
I'm sure its as lang as *Gone wi' the Win'*
Plus twa volumes o' *War an' Peace*!

1

I plan an expedition
Tae the Antarctic or up the Nile
A comedy act wi' funny jokes
Raisin' a belly-lauch or smile.

Och, I needna commit it tae paper
For it winna come ony better
In fact, it taks me a' ma time
Tae sit doon an' write a letter.

There's nae end tae ma versatility
An' a sleepin' draught I refuse
For its a nichtly date I canna miss—
Ma appointment wi' the Muse.

Sometimes I'm a dab-hand politician
Unopposed at every election
Nae prepared tae toe the pairty line
Bit there b' popular selection.

I can fairly set the warld tae richts
An' some licht on the subject I'll shed
For late sittins' an' questions raised i' the Hoose
Wid be better resolved i' the bed!

For surely the bed maun stan' alane
As a centre o' activity
For maist are conceived there, born there an' dee there—
Journey's End an' Creativity!

Ay, its fine tae get awa tae yer bed
In sickness a' place o' retreat
An' apairt frae the things I've mentioned—
As a last resort—ye can sleep!

THE TWA BURGLARS

Twa burglars hoddit aneth the stair
An' crouched there till they were stiff
Ane raised his heid as far's he daur't
An' syne he startit tae sniff.

He whispert: 'Mac, d'ye ever tak a bath?'
Mac felt hurt an' pull't 'im up;
He muttert: 'Ye weel ken ma cast-iron rule—
'Tak naething bigger than a silver cup!'

STUDY IN MISERY

Fin I'm feelin' hingin' luggit an' canna be humbuggit
There's naething gets ma goat like ane that says:
'Och, come on an' gies a smile, ye've a face as lang's a mile
'Ye'll be a lang time deid'—an' coonts the days.

Syne there's them that start tae whistle an' I feel ma bristles bristle
For they're determined tae be cheerfu' at a' cost
Sayin' 'Look upon the bricht side'; I could kick them on the richt side
An' tak them up the richt wye—roon' the throat!

They tell me tae stop pinin' an' look for the silver linin'
Fu' o' confidence in the gypit things they say
O' wit they hinna ony; the black doggie's ma best crony
For ilka clood's—a mucky shade o' grey!

Sure they try tae be sae funny, offerin' a'thing barrin' money
An' start singin' stirrin' sangs tae gie me hope
Bit they only mak me sadder, an' if onything, that much madder
I could be daein' wi'—a fairish length o' rope!

Sic fowk, they should be throttle't; wi' false merriment I'm dottle't
As a salve for a' yer troubles its nae use
For a' the jokin' an' the lauchin', though grim things may be happenin'
Is jist turnin' roon' yer back—upon the truth!

Noo, will naebody gie me backin'(?); there maun be something lackin'
In a happy ever-cheerfu' kin' o' man
He's ridin' for a fa', an' I dinna wint tae blaw
Bit his trip'll be—inside the yalla van!

Ye see, I'm oot o' place wi' a froon' upon ma face
So I'll toddle tae the comfort o' ma hame
I'm willin' eneuch tae spare it; bit naebody wints tae share it
Ach, I'll jist enjoy ma misery on ma 'lane!

THE TAM CAT'S TALE

I first saw the licht in an auld meal kist
At the back o' the smiddy shed
There wis three in the litter—a brither an' sister
Sharin' the same straw bed.

Its a' like a dream, bit I min' the day
An' auld wifie cam' in the shed
Withoot much adae, she pinted at me, sayin':
'I'll tak the black ane, Fred!'

I ken naething aboot the ither cats
They jist disappeared—that's a'
I can only hope they're as lucky as me
Wi' Granny at Bothy Ha'.

She's the finest auld cratur in the warld
An' some time ago lost her man
His name hid been Thomas—they got on weel—
So she decided tae ca' me Tam.

I sit an' purr on Granny's lap
As she watches her TV
She swoons at the good-lookin' heroes
Bit a' she's got is *me*.

Fin humans are in a gweed humour
They often sing an' hum
An' me, I churn oot the cat's lullaby:
'Three Threedles in a Thrum.'

The bairnies comin' hame frae skweel
Noo they ken whit I like
As they daik ma back an' rub ma chin
Fin I'm sittin' on the dyke.

Its hard tae get ma priorities richt
In a menner that can be seen
If ye'll harken tae me a meenit or twa
I'll tell ye whit I mean.

Ae day I nick't a fat robin
Granny took it frae me in a rage—
'Ye *are* a bad cat, ye mauna touch birdies
'In the gairden or a cage!'

Then again, fin I'm sittin' in the sun
She orders me intae the hoose
'Come on noo, Tam, I've a jobbie for you
'Get goin' an' catch that moose!'

She dreels the dogs awa frae the place
So that I can sit aboot
Aince a black an' white collie got in
I faced up—an' scrattit his snoot.

There's some smashin' foreign talent
I've seen frae the highest trees
There's Princess Eirene, a Persian
An' Sheba, a Blue Siamese.

Their owners keep strict tabs on them
As I'm canvassin' the yairds
They ken that gie'n half a chance
I'd seen mark *a'* their cairds!

Bit a'body disna like me
An' they're quick tae mak it plain
They get fever or suffer frae allergies
Its difficult tae explain.

There's yon auld scrunt ca'd Paterson
He canna stan' me aroon'
Since I turned his brand new windae box
Intae a pooder room.

An' the wifie up at Number Ten
Objects tae ma nichtly excursions
As I left ma seal o' approval
On her highly prized nasturtiums.

Noo Mr McGee bungs stanes at me
That fairly maks me lowp
An' yon fern-tickl't loon that comes frae the toon
Sheets pellets at ma dowp!

'That brute should be droon't or else put doon'
Says twa-faced Mrs McHattie
Bit fin Granny's aroon' she changes her tune
An' says: 'Whit a bonnie catty!'

Some moonlicht nichts we sit on the wa'
That borders forty-three
There's Fluffy an' Moggy, Blackie an' Smuts
Stumpie, Snooker an' me.

There wis aince we hid a cat wi' us
A slinky lass ca'd Cleo
I think there wis Eye-tie bleed in her
As she sang 'O sole Me-ow . . .'

Some fowk open their windaes
As we sing oor serenade
Frae the beets an' tins they throw at us
We're tap o' the hit parade!

The ancient Egyptians they revered us cats
Wi' a God b' name o' Bast
Bit some folk here, I sadly fear,
Think that we're miscast.

An' 'umman that says sic nesty things
Is referred tae as a cat
'The morals o' a tamcat' tae—
Noo, hoo should we stan' for that?

Och humans, tak it tae yersels
Its the only wye ye can
There may come a day—an' wha can say?
They'll liken us tac *man*.

Ma devotion tae Granny's ma first concern
I try an' nae offend her
I'm thankfu', an' wish I could keep her
Frae a' the ills that attend her.

Bit a' things considered, I'm happy—
Lat's hope for a lang time yet
Bit I'll be oot o' the hoose like Concorde
If I hear her mention the Vet!

SANGS SUNG BLUE

O, sing tae me the dirty sangs
In the braid auld Scottish tongue
The sangs ma faither lo'ed tae hear
The sangs ma mither shunned!

Uncle Fred's a pillar o' the kirk
Maist times a richt auld fogey
Bit at Hogmanay ye're sure tae hear
His version o' Colonel Bogey!

Anither hit that's sure tae please
It fairly rings the bell—
The adventures o' a willin' lass
They ca' her Eskimo Nell.

Noo, Jock's a richt auld sodger
Wha'll sing ye 'Tipperary'
Bit efter he's held eneuch tae his heid
Its the antics o' Auntie's canary!

Fin a few o's get thegither
Its eneuch tae mak a steer
We'll each sing a verse o' the classic
The Ball o' Kirriemeer.

A sang that's heard frae the farthest north
Doon tae the Straits o' Dover
The cavortin's o' a couple keen
Priggin' tae roll me over!

There's mony a hymn tune parodied tae—
Intendin' nae sacrilege
In times o' war an' comradeship
Fin nerves are on razor's edge.

Ae thing I've learned as I've travelled aboot
Afore ye turn in shame
The enemy as we ca'd them then
Were daein' the verra same!

In this age o' promiscuity
Fin onything passes for art
Oor dirty sangs maun tak their place
As they hiv played their part.

They'll be sung aloud for mony a year
As cronies get thegither
So haver that an' chaw the bane—
I'm meanin' *you*, Dear Mither. . . .

THE LAUCHIN' BAIRN

Snicher, Snicher, Snicher
She's lauchin' a' the time
Dis she nae tak naething serious?
That bonnie wee lass o' mine?

Snicher, Snicher, Snicher
Ah weel, its better than greetin'
She pits 'er hans' up tae 'er face
An' through 'er fingers she's teetin'.

Snicher, Snicher, Snicher
I'm pleased she's sae contentit
Bit I winder whit she's lauchin' at?
(Some joke the angels inventit?)

Snicher, Snicher, Snicher
Its the happiest o' graces
Looder an' looder, that's the wye,
As I stan' here makin' faces.

Snicher, Snicher, Snicher
She cuddles 'er fluffy pink rabbit
Noo she's chawin' his lug aff
An' I think its an endearin' habit.

Snicher, Snicher, Snicher
Weel, ye're twa an' far frae teuch
So lauch while ye can, ma bonnie wee bairn
For life'll get grim seen eneuch.

To Iris
TIBBIE'S SCOTCH KITCHEN

Oor Tibbie she wis Kitchie Lass
Up at Muckledreep
For a weekly wage ye'd sneer at noo
And, of course, her keep.

She slaved awa frae morn till nicht
An' hidna muckle pleasure
We peetied her—(mair feel us!)
We hidna got her measure.

As she breenged aboot the kitchen
Nane o's ever lookit
She wis plain as the boddam o' a pail
An' geylees little bookit.

She said naething much aboot hersel
An' at nae ambition hintit
If she'd ony secret hope at a'
We a' supposed she'd tint it.

Like mony a faithful servant
She wis often ta'en for grantit
Dreepie's concern wis tae get the wark daen
An' see that the craps were plantit.

Tibbie wisna ane for dressin' up—
She hidna mony frocks
We never thocht she'd leave the ferm
Till cairried oot in a box.

Then ae simmer day oot o' the blue
We got a stammagaster
She announced that she wis leavin'
An' for the ferm that spelt disaster.

It seemed she'd cam intae siller
Frae a relation ower the sea
She'd saved a bit o' her ain as weel
So at last oor Tibbie wis free.

We a' supposed that she'd retire
An' tak a welcome rest
She wis gettin' on, an' efter a',
O' her years she'd gien the best.

We heard aboot it in shocked disbelief
Like a byoke at a posh occasion
That oor Tibbie she wis branchin' oot
An' wi' spunk her sights wis raisin'.

She moved intae toon an' bocht a shop
Wi' a jim-snack little flat abane
Expensive alterations were pit in han'
Did the cratur ken whit she wis daein'?

A fancy designer chiel cam' up
Clad in a green velvet suit
Oor ill-fashience wis set at bilin' pint
Tae ken whit she wis aboot.

Some said that it wis hairdressin'
An' ithers a souvenir shop
Wis she makin' a kirk or a mill o't?
Weel—we a' expectit a flop.

It wisna lang till a sign appeared
Suspended frae twa iron chains
It read: 'Tibbie's Scotch Kitchen'
An' aneth: 'Eat doon at the Mains'.

Afore the official openin' day
She showed us ower the place—
A stage-set ferm kitchen, man,
Bit a restaurant wi' special taste.

Tib intended daein' the cookin' hersel'
An' employed some local quines
Wha she drilled tae act as waitresses
Dressed up in the style o' the times.

There wis adverts in the papers
Local an' national baith
She wis playin' for the highest stakes
An' I hid ma doots like the lave.

If this was a silent filum
There wid flash upon the screen:
'Meanwhile back at the ranch—er—ferm'
Ach weel, ye ken whit I mean.

The lassie that cam in Tibbie's place
Is through-ither an' nae verra willin'
If the meat's a bittie mouldy kin'
She says its penicillin.

Auld Dreepie in generous humour said:
'I'm nae ga'en tae greet in ma beer
'Fin Tibbie Tamson fa's in the muck
'She'll be gled tae come crawlin' back here.'

On lookin' back, I'm ashamed tae say
We hid sic little faith
In this hamely, capable, hard-wirkin' sowel
Wi' an ootline like a wraith.

The day the restaurant opened
Plenty o' fowk turned up
Curiosity the common drivin' force
An' tae snicher ahin' their cup.

If Tibbie wis worried, she hid it weel
For *this* wis her life-lang dream
She'd ta'en her chance an' she'd seen ken
If she'd sink or she wid sweem.

Bit a'thing ga'ed like clockwark
The meanyou wis herty an' hale
This timid little bandie
Hid turned intae a whale!

Tibbie wis flushed an' excited
At the praises shoored upon 'er
Some important fowk were there as weel
She'd come through wi' the highest honour.

Business is gaen frae strength tae strength—
She's biggin' on an extension
Tibbie's got her second win'
Fin ithers are drawin' their pension.

Jist haud on an' I'll gledly tell ye
O' the dishes for yer delectation
The prices are fairly reasonable tae
An' there's a wide eneuch selection.

She serves mince an' mealy puddens
Stovies an' oatcakes
At times a bickerfu' o' brose
An' pies an' scones she bakes.

Her herrins' daen in oatmeal
Are guzzled for a' they're wirth
The soup she maks lies tae yer ribs
For it his plenty pith.

O' the skirlie, neeps an' tatties
They canna get enough
An' the special brand o' trifle
Is laced wi' the gweed hard stuff.

There's an extra clootie dumplin'
For Christmas or birthday whim
The smell maks ye water at the moo'
Its a peety its nae a sin.

There's salmon tae for the discernin'
An' Aiberdeen-Angus beef
Her haggis is highly commended
Rabbie wid ca' it the Chief.

The jam's a' made wi' real berries
An' sugar pun' for pun'
There's nae scrapin' o' plates at Tibbie's
An the wye tae yer hert is won.

Great knites o' breed are served wi' broth
An' butteries wi' a snack
Forbye the rolls upon the plate—
There's ane parked oot the back!

She's wirkin' as hard as ever
An' she owns some better claes
Bit there's nae 'pit on' wi' Tibbie
She mins' on the early days.

Bus trippers, bikers an' hikers
A' come tae sample her fare
She's sae far booked up in advance, I wyte,
Ye'll hae tae wait a month or mair.

The news gaed roon' like wildfire
O' the car ootside her door
It hidna got a number-plate
An' a flag it flew at the fore.

Bit fair enough, she maks a dish
Tae set afore a Queen
So noo a Royal Coat o' Arms
Is displayed upon the scene.

If ye ask her hoo she dis it
She'll ca' ye a glaikit loon
An' reply: 'If I wis tae dee richt noo
'I widna hae time tae fa' doon!'

She's makin' money han' ower fist
An' at last his found her line
Ye widna ca' it Cordon Bleu
Mair like Binder Twine!

Noo Miss Tamson she is famous
Tae ken her's a maitter o' pride
An' oor wee Tibbie's Scotch Kitchen
Appears in the Good Food Guide!

BLETHERSKATE

Pardon me, if I look ahin' me
Na, I tell ye I'm nae funnin'
I tak tae ma heels like a scaldit cat
Fin I see that wifie comin'.

Fa? Oh, auld Mrs McGuffie
That 'umman's the Local Toon Crier
An' the wye she recalls ma past misdeeds
Maks ma colour mount the higher.

She his the knack o' bringin' oot
The verra warst in me
If she'd harp on aboot ma better side
Bit that's less spicy, ye see.

She's kent me since the day I wis born
An' her mooth ye canna lippen
At some pint o' time she's sure tae refer
Tae the years I wis weerin' a hippin.

She'll say 'My, bit ye're fairly growin''
An' noo she's in the throes
O' relishin' the times I gae'd tae the skweel
Wi' a jammy piece an' a bubbly nose.

Of coorse, she's on tae the sale o' wark—
This story's sae auld it creaks
Fin I presentit a bookay tae Lady Clare
An' bawled—syne weet ma breeks!

There's the day the Dominie keepit me in
An' this ane wi' glee she tells
O' whit I drew on the blackboard
An' stuffed intae a' the inkwells!

Hoo at the village concert
Fin playin' a hardened sleuth
I cam on stage wi' ma troosers unzipped
An' jist aboot raised the roof!

Whit I said fin the Minister wis visitin'
Whit I did in ma slipper at three
She keeps a recoont o' a' ma fauts
An' casts them up at me.

An' she ruined a bit o' romance
I wis haein' wi' a lassie frae Murtle
B' tellin' her aboot the parrich pot
An' whit I used for a spurtle!

I'm nae the handsomest chap in the warld
Ma life story's naething tae read
I'll suffer a few things alang the wye
Bit never a swollen heid!

I can see her in the distance
Yon bletherskate far frae young
She's crippled an' fu' o' rheumatics
In a'thing bit her tongue!

THE POWER O' SILLER

I've seen the power o' siller
Tae it, maist doors are open
If ye've money, fowk bow an' scrape tae ye
Common courtesies forgotten.

'Ye canna dae muckle withoot it!'
I can hear ye say like a shot.
I ken, I agree, bit pause an' reflect
An' admit the growin' rot.

Ma Great Auntie Bella, the domineerin' kin'
Wis regardit as bein' 'loadit'
Fin she cam tae see us fin we wis bairns
We ran awa an' hoddit.

Bit she wid insist on 'inspectin'' us
There wis mention o' 'expectations'
In fact, that wis hoo the 'umman wis thole't
B' her lang-sufferin' puirer relations.

Fin she passed awa' at ninety-three
There wisna sae muckle at a'
In her Will she left us some cheerbacks
An' a wirm-eaten wag-at-the-wa'.

The rich, they shove a'body aboot
Like a cat wi' a half-deid moose
Sae confident in their position
Though the moral fibre be loose.

Their sins seem mair acceptable
Than those o' a lesser man
The warld's wealth's surely ill-pairtit
Fa'iver devolved the plan.

19

Sae often fowk say: 'It canna buy health'
An' again, I'll challenge the view
Ready cash can get ye the treatment an' drugs
Instead o' a wait in the queue.

Money's the motivation for maist o' the crime
An' ahin' a' kins' o' corruption
Them that hae, seem tae get mair an' mair
They progress withoot interruption.

An' the wealthy can be sae ticht-fistit
Hoo they question every accoont
They thraw ower the littlest details
Whit's mair, they'll demand discoont.

Some get their siller through their ain hard graft
An' that commands respect
Bit they tend tae loss the common touch
So their former freens' are left.

Noo, I've never been puir tae the pint o' despair
Nor yet in the millionaire class
Like maist fowk I've hid tae watch the bawbees
For a livin' I jist aboot pass.

In the unlikely event that I ever get rich
I've vowed there'll be nae change in me
Better hoosin' an' a few wee comforts
Syne I'll stop an' say 'That'll dae'.

Bit wid I, if I wis pit tae the test?
Though I've sworn it again an' again
Ach, I'm safe eneuch (mair's the peety)
For its something we'll never ken!

MEDITATION AN' A' THAT

I'm sittin' starin' intae space
A vacant expression on ma face
I've been tensed up an' maun relax
Ma brain I canna over-tax.

Here I am cross-legged on the mat
Tryin' tae keep ma stammick flat
Noo, I'll mak ma min' a blank
Ma worldly cares in anither bank.

Bit hoo div ye think aboot naething?
For the brain's a fickle plaything
It races frae ae thing on tae anither
The past an' present jumble't up thegither.

An' naething—hoo dae ye define it?
A balloon wi' the skin aff? Refine it . . .
A never-endin' misty haze?
Bit then that's Something—hang this craze!

Noo green's a bonnie soothin' shade
I'll think o' a gentle summer glade
A wee breeze rustlin' at the leaves
That's better—aaaaah—I'm gaun tae sneeze!

I'll imagine I'm cruisin' doon a river
(Did I tell the butcher aboot the liver?)
Ach, deal in abstract an' shut yer e'en
An' dream o' bonnie places ye've been.

Loch Lomond that's the biggest loch
I'm gettin' a cramp in ma left hoch
Hoo lang hiv I been clockin' here?
I'd be a lot better in the big airmcheer.

21

I dinna think this is daein' me good
I'm beginnin' tae incubate a richt bad mood
This meditation's a sudden trend
Ye'd think I wis gaun roon' the bend!

There's easier wyes tae tak yer ease
I canna get aff ma bloomin' knees
This antic's far mair pain than pleasure
I'm ower exhaustit for this kin' o' leisure.

I'll be turnin' in this daft course
Noo I'm feelin' as stiff as some auld horse
Its a waste o' time, as I can tell
Oh—whit next? That's the door bell!

Faiver it is, they'll hae tae wait
I hope they'll min' an' shut the gate
An' nae lat oot the little pup
Ma brain's swack bit ma body's seized up.

Ah, at last I'm on ma feet
I'm supposed tae be composed an' neat
It seems tae me I canna win
I feel like something the cat brocht in.

An' whit's this lyin' on the mat?
A pamphlet? Weel, I'll eat ma hat!
'For beauty, health and a sense of well-being
'Meditation can be so revealing.'

Huh, as an example they should look at *me*
Its time I wis makin' ma man's tea
An oor's gaun by an' nae result
I suppose ye could say its a' ma ain fault.

Its naething less than a bore an' a drag
I'll use this pamphlet tae licht ma fag
An whit'll we eat? Nae diet tips
Bit a muckle plate o' fish an' chips!

Nae mair a lettuce an' soor lemon juice
I've come at last tae the nakit truth
If I'm tae be fat, then fat I'll be
An' a thochtie mair agreeable tae.

I'll dae ma best tae keep a calm sough
It seems tae me that should be eneuch
An' a decision I'll mak withoot hesitation
Tae tak 'ME' oot o' meditation!

HAUDIN' HANS' (I)

I clasped Willie's hans' for 'oors last nicht
As we sat on the cliffs b' the sea
I held them an' gripped them as ticht as a vice
In order tae keep them aff ME!

HAUDIN' HANS' (II)

Ma mither's straicht-laced an' auld-farrant
She'll nae tak life an' live it
In the modern view o' the present day
Ye could say she's jist nae 'With it'.

She lectures me aboot daein' wrang
An' gaein' ower far wi' a lad
I ken she means weel an' cares for me—
Bit by heck, it maks me mad!

Tae her a kiss is darin'
An' ae thing leads tae anither
Bit there's nae the same restrictions
Fin the maitter concerns ma brither.

I'm telt aff aboot bein' oot ower late
An' ten o' clock's her limit
She'll nae stan' for smoorachin' at the gate
An' times me tae the minute.

She says: 'Fin I wis *your* age,
'Ma position wis something tae prize'
I said: 'Oh Mam, there's sae mony
'Which ane dae ye advise?'

She flew in a rage an' said I'd nae shame
B' sayin' sic things in the hoose
I only said it jokin' like
Bit like Victoria she's hard tae amuse.

She tells me ower an' ower again
Whit *she* did fin she wis a lass
Hoo a lad wid only squeeze her han'
An' naebody made a pass.

She goes on aboot hoo good *she* wis
Is she tellin' the truth? Ah well . . .
An' says she'd tak naething lyin' doon
Bit figure it oot for yersel'.

She prigs me tae stick tae haudin' hans'
Tae get ma satisfaction
It seems tae me if that's a' there is
I'll miss oot on the best o' the action!

Bit I dinna like tae deceive her
I'm her dother an' so that's that
An' I *hiv* some kin' o' conscience
Bit keep this under yer hat. . . .

I've been presented wi' a solution
There's a new lad upon the scene
A tall an' handsome German
Wi' fair hair an' bonnie blue e'en.

Fin ma mither spiers fit I've been up tae
I can safely divulge ma plans
An' look her straicht in the face an' say:
'I wis only haudin' HANS!'

BURNS' FLIGHT OF FANTASY

Performed by the writer at Newtonhill Burns Supper on 29 January 1977

Let us imagine it is late Saturday evening on BBC1. Time for the Parkinson Show. Let us further imagine that Some Power has afforded us the unique facility of a Very Special Guest. As Parkinson in his introduction reports: 'Among to-night's guests is the biggest thing to come out of Scotland since Billy Connolly—both having sung the praises of a Mountain Daisy. A man of humble beginnings; born to the land; educated; a poet; a romantic; a man of many loves; a many-faceted character; a man who has fathered fourteen children in and out of marriage; of handsome yet delicate appearance; a veritable Scottish institution—Robert Burns!'

Down the stairs to rapturous applause comes our Very Special Guest and takes the proffered chair.

So Parkinson goes on to question Mr Burns—not the one with the big cigar this time—about his life, his affaires, and is it true that Jean Armour Burns is seeking a divorce?

And Robert Burns, tired after a quick jet flight to the television studio, chooses to reply in his own inimitable way.

> I've come wi' jet tae be wi' ye
> A journey fraught wi' fear
> I wis sweer tae move frae aff ma seat
> Lest I gae'd through the fleer.
>
> A hostess lass, she took ma coat
> An' stapped it in a rack
> Syne strapped me in, the saucy quine
> An' bade me sattle back.
>
> The engines screamed like a beast frae hell
> The machine itsel' wis dirlin'
> Tam O' Shanter rides again!
> I nearly fell a'skirlin'.

26

Alang the groun' the monster ran
Fester . . . fester . . . fester . . .
'Ay Rab,' I whispered tae masel'
'Prepare tae meet thy Maister.'

Then a' at aince wi' a mighty lowp
We rose up in the air
I felt, I wyte, though I'm up here
Ma wime I've left doon there.

The pilot's voice in accents calm
Like some speerit made me chill—
'Its a lovely day in Manchester
'And smoke folks, if you will.'

Och, losh b'here, ma face is green
An' faith, I'm like tae choke
Yon cheeky birkie's back again
An' handin' me a pyoke!

Some fowk can smoke an' eat an' drink
While travellin' through the air
Its nae for Rab this transport new
Though fest, it grieves me sair.

Its strange tae say, lauch if ye must,
Bit man, there is nae doot
Its the first time I can say wi' truth
I wish I wis doon an' oot!

Aince on the groun', (Oh God be praised!)
Wi' nae thocht for ma condition
I'm hastled aff tae studio
An' prepared for the transmission.

I'm pentit, poodert, sossed an' sic
Och, whit an afu wark
The Producer chiel objectit tae
The colour o' ma sark.

At last we're ready for the fray
The lichts are warm an' bricht
The music plays the Parky Theme
I feel a sorry sicht.

Noo Michael, on yer show this nicht
I'm seen b' a' the nation—
Ah wish tae God ye'd queel yer tongue
Aboot yer OPERATION!

Ye'll fair pit thochts in ma Jean's heid
That werena there afore
I fear whaun I gang hame tae her
She'll kick me oot the door!

Ye've spier't 'boot this an' syne 'boot that
An' especially 'boot 'the ither'
Yer faither micht hae daen the same
Gin he approached yer mither!

Tae speak o' Billy Connolly
In the verra same breath as ME
My birse it fair gaes up at this
Its sic a travesty.

An' tae compare his Mountain Daisy
Wi' ma crimson tipped flooer
My daisy wis a modest bloom
Nae a bloomin' whoor!

Noo, wha's the ither guest on yer show?
Ha, jist ye bide a wee
He claims he's the Greatest in the Warld
B' name—Muhammed Ali!

He'll timmer ye up, ma bonnie lad
An' I'll fair enjoy the sicht
Yon make-up deem's a sonsey lass
So I'm a'richt the nicht!

A poem I'd like tae dedicate
Tae ye, a dowsy 'scouse
If I hadna used it up afore—
I'd ca' it 'Tae a Louse!'

THE LANG ROAD BACK

So *this* is the house whaur I wis born
Close on ninety year ago
I jist canna believe it, although I can see it
Bit I'll tak yer wird its so.

Ay, the land wisna built up then, of coorse—
Its a concrete jungle noo
That place ower there whaur the garage stans'
Wis the grazin' for oor ae coo.

Roon' at the back wis a cinder path
Leadin' tae a wee bleach green
Whit's that? Oh, its ca'd the patio noo
An' there's nae girse tae be seen.

The claes they hing on a whirligig
It disna seem the same
I weel min', ma mither's washin' day
Fin she prayed it widna rain.

Nae washin' machines an' dryers then
Jist plenty o' elba wark
I can see her at the washboard
Scourin' ma faither's sark.

There wis lang drawers, breeks an' stockins' tae
A' hingin' in a row
Kickin' up their flappy legs
Like dancers in a show.

Ower there wis a bonnie lilac tree
An' a trellis wi' purple creeper
Whaur Chairlie stood for a photograph
Jist afore he wis lost at Ypres.

Ay, thank ye, I'll come inside for a while
An' hae a look aboot
It'll be interestin' tae see the changes
For there'll be mony, nae doot.

An' this wis the stane-fleered kitchen—
Jist wait till I get ma bearins'
On the richt was a black-leeded open grate
Wi' peats piled up in cairns.

A girdle used tae hing in the lum
On the mantelpiece sat twa walley dogs
I can min' cairryin' in ae wintertime
Great oxterfu's o' logs.

Its verra kind, an' mony thanks
I'll tak a cuppie tea
An' I'd like tae see the bedroom sma'
Whaur sleepit puir Nellie an' me.

I'll easy occupy masel—
This his come as a shock upon's
Oh, the thochts jing-ga-ringin' through ma brain
As ye de-frost the scones.

30

The parlour—I mean the lounge tae you—
On Sunday's ma faither said Grace—
It wis only used fin visitors cam'
Or at death as the streakin' oot place!

If onything's the same it *is* the stair
It aye hid some tricky turns
On the wa' in front whaur the Picasso hings
We'd a picter o' Rabbie Burns.

Oh, I'm a' richt, though pechin' a bit—
Ye can safely leave me alane;
Its a great day for me, I never thocht tae see
Ma ain auld faimily hame.

O' wee attic roomie, I min' sae weel
The paper we hid on the wa'
Yalla flooers in muckle booers
Nae cubes an' squares at a'.

We hidna a picter winda then
Jist a skylicht showin' the stars
Never thinkin' man wid walk on the moon
Or contact the planet Mars.

Yer bathroom noo, it *is* a dream
Coloured bidet, bath an' shooer
Er . . . I'd better hae ma penny's wirth
The bus leaves in quarter an' 'oor.

Oor 'bathroom' wis a widden shed
Its sides a' coated wi' tar
Fin the lock got broken we kept the door tae
Wi' the aid o' an auld jeely jar.

My certie, bit this is a fine cup o' tea
Its better than ony hotel
I'm sure ye think I'd a dashed gweed cheek
Tae walk up an' ring yer bell.

31

I'm much obliged tae ye, ma dear
Maybe someday ye'll feel the same
Its extra-special tae me, because—
I'll never be here again.

Weel, I'll need tae awa'—the time's aboot up
The bus driver'll seen be tootin'
We've got a fine day for't an' I'll never forget
This partickler auld fowk's ootin'.

Mony thanks again, noo lass
Though they're good tae us in the Hame
There's naething tae beat the privacy
O' a bonnie wee place o' yer ain.

Ah weel, naething bides the same for lang
We maun walk the untrodden track
Its only through gift o' memory
We can tak the lang road back.

JEEMSIE

He's a fine eneuch chiel is Jeemsie
Nae verra bricht, I suppose
An' simmer an' winter come forrit—
There's a drap at the pint o' his nose!

He's ower six fit tall wi' a lantern jaw
An' a nib ye'd describe as Roman
Nae seener is ae drap dichtit awa
Than anither is hastily formin'.

He sits in the Kirk in the verra front pew
If the sermon's ower lang, than he'll sleep
An' the drap hings suspended frae Jeemsie's lang snoot
Its surely an awfu upkeep!

If he's suppin' his soup or some ither het dish
Its within the pooers o' reasonin'
Tae suppose that besides the sa't an' the spice
He adds his ain bit o' seasonin'.

In the few het simmers we've hid in wir life
Burnies dried an' taps disconnectit
Bit Jeemsie cam through—an' I'll tell ye hoo
His reservoir wisna affectit!

At a fitba' match or ither event
We push him awa tae the front
Na, its nae gweed menners, its caution, ye see
For he'd droon some puir little runt!

He'll pit his han' tae ony wark
For he *is* that kin' o' chap
Bit dinna big yer hopes ower high
Ye're sure tae get a drap!

He comes intae his ain fin its frosty
That success it just winna hide
The bairnies a' rin ahin' 'im
As he provides a weel polished slide.

Ye'll easy ken Jeemsie fin ye meet 'im
His trademark's richt there hingin' free
I wid say ye canna see by it
Come tae that—neither can *he*!

He's threatenin' tae get his nose sortit
If the Health Service turn 'im doon—then tae hell!
He'll resort tae cosmetic surgery
An' he'll pit up the scaffold himsel'.

'Och, lat it a' be', we a' tell 'im
For there's nae twa wyes aboot it
Wi' his liquid asset gone for good
It widna be Jeemsie withoot it!

A sobering poem
ROLES REVERSED

Frae the time we're born till gie near three
We're dwaibly an' helpless you an' me
Amon' wir less attractive trends
Bein' nae muckle tae lippen tae at baith ends!

We depend on the carefu' hans' o' a mither
Maybe a Nanny or some sic ither
Tae keep us clean an' smellin' sweet—
A duty acceptit withoot retreat.

In the middle years we've clim't the hill
An' the parents we respectit are auld an' ill
They dribble an' mair; loss their usual serenity
We watch wi' sorrow the advancin' senility.

The little upsets are emergencies
They greet, they fret, an' fuss
If we turn awa—its only because
In them is reflectit the future for *us*.

In the last sad twilicht
The roles are reversed—
        Ay, an' its *worse*!

THE DANCE IN THE VILLAGE

I gae'd tae the dance in the village
Jist the usual local affair
In aid o' repairs tae the roof o' the hall
Bit I wis hopin' that *he'd* be there.

I saw 'im first in the baker's shop—
Sae tall wi' wavy hair
I gae'd tae the dance in the village
Bit I wis hopin' that *he'd* be there.

I wis turnin' awa frae the coonter
As he cam intae the place
For a second or twa oor e'en they met
An' a reid flush covered ma face.

Ma hert gie'd a lurch I can tell ye
An' a feelin' cam ower me sae queer
I drappit the pyokes I wis cairryin'
An' ma baps skittert a' ower the fleer!

Syne doon he got on his haunches
An' githered them up wi' a smile
Masel', I felt daft, bit for numbness
I wished I could rin a mile.

I stammert ma thanks an' departit
O' first meetins' nae record, I ken,
As I bung't the foul baps in the midden
I vowed I maun see 'im again.

So I did a bit o' detectin'
Through a freen' wha's jist a gie limmer
She kens whit's whit, wha's wha an' sic like—
MI5 hiv missed a richt winner!

Weel, his name it wis David Farquhar
He'd moved intae yon hoose on the brae
He wis single, his faither a Broker
There wis siller an' prospects ye'd say.

I next saw ma lad for an instant
Flashin' by in a great muckle car
Oh, the torch I wis cairryin' for 'im
Did I hae tae admire frae afar?

Noo, some lassies in ma situation
Wid hae backed aff an' nae waste o' time
Yet, deep in ma sowel I wis certain
That this lad wis meant tae be mine!

Ye can scoff if ye like, I'll nae blame ye
Day-dreamers this side, fair an' square
I gae'd tae the dance in the village
Bit I wis hopin' that *he'd* be there.

I saved up ma money an' bocht a new frock
In the bonniest shade o' blue
An' expensive scent; some pooder an' pent
Do or Die—an' I meant tae 'Do'!

I'm considered tae be . . . weel . . . rale bonnie
Pardon me, if it soonds like conceit
As I looked in the gless afore I set oot
I appeared whit ye'd ca' a fair treat.

Ma faither, he lauched, as faithers div
At the coloured stuff on ma lids
An' spier't if I'd fa'n in the pent-pot
Or the boot-bleck left oot b' the kids!

Ma mither, she warned me, as mithers div:
'Noo, come straicht hame an' nae hanky-panky!'
Ye widna think that in 'forty-fower—
She'd been cop't up the hill wi' a Yankee!

As I got near the hall . . . Ooooh, ma nerves they took ower
An' I startit tae feel a bit rough
'Social barriers are crumlin' noo', so they say
Bit wait—hiv they crummelt *enough*?

'Come straighten yer shooders' I ordered masel'
'An' haud yer heid up high
'The warst that can happen in ony event
'Is if *he* should pass ye by.'

So in I walked wi' richt fine style
An' noddit an' joked wi' them a'
A' the time notin' on the quiet tae masel'
That *he* wisna there ava.

Wis I secretly relieved (?)—its hard tae say
As I joined in the dance's whirl
Frae auld-time through tae rock n' roll
Plus reels tae mak ye skirl.

I danced wi' Jimmy, Sandy an' Joe
The compliments flowed like the river
Ma confidence grew an' I felt like a star
Or some hard-bil't city libber!

Then, during a pause in the dancin'
An' the band wis takin' a brak'
A bottle o' ale I wis drinkin'
Fin ma feelins' got sicken a whack.

At a aince the chatterin' stoppit
The company seemed thunderstruck
Somebody whispert: 'Here's yon David Farquhar'
An' 'Some b . . . ers hiv *a*' the luck!'

In the doorwye ma love stood smilin'
An' I suddenly lost ma thirst
For the lassie that he'd brocht wi' 'im
Hid a beauty nae man could resist.

Did I say that *I* wis bonnie?
Aside *her* I felt drab an' plain
Try comparin' a rose wi' a daisy
Or fizzy lemonade wi' champagne.

I saw the braw lad move forrit
An' shak hans' wi' Mrs McKay
Wha's the local Big Bug in the Rural
An' ither Committees forbye.

Me? I stood like a stooka
Feelin' a' the kins' o' a goat
The room swam in a mist afore me
I'd a lump like an egg in ma throat.

I could stan' nae mair o' the torment
An' seen made ma feet ma freen'
If I wis tae bubble, I'd dae it alane
Or I'd never cower sic a scene.

Frae the hall I rushed as a ferret
Scoots doon a rabbit hole
Ma fizzog like a squashed tammata
For ma feelins' were takin' their toll.

I ran doon the road—'hunner yairds, maybe mair
An' leaned up against a big tree
Tae think that only the ither day
Ilka love sang seemed meant jist for *me*.

Seen I startit tae shiver—the nicht it wis cool
Ma resolve it wisna a' wintin'
'Oh Helen, ye gype,' I said tae masel'
'Sae much for yer pooderin' an' pentin'.'

'If ye're feelin' lat doon, ye've yer ainsel' tae blame
'He gie'd ye nae cause tae be hopin''
I could feel skirps o' rain on ma het burnin' cheeks
An' afore verra lang I wis soakin'.

I canna min' richt hoo lang I stood there
Ma hairdo wis seen knockit flat
Ma skirt wis wuppit roon' aboot ma legs
Ye've heard o' the sayin' 'Drookit Rat'?

I made up ma min' I'd jist mak for hame
It wis hardly a nicht tae dauchle
I wis sowpit an' sodden an' looked sic a sicht
An' ma sheen were beginnin' tae bauchle.

I took a deep breath an' decided
The rain wisna gaun tae de-vall
An' in a' ma hurry-bustle
I'd left ma gweed coat at the hall!

I cursed masel' aneth ma breath
As back the wye I ploddit
It wis ma intention tae grab ma coat
An' withoot lookin' back, get roddit.

I wis heidin' for the cloakroom
Fin somebody touched ma airm
An' there *he* stood—Oh, losh b'here!
I'll suffer nae mair hairm!

His voice fin he spoke wis romantic—
Like an announcer on BBC
Like a woman I pleadit a heidache—
I could hardly face 'im, ye see.

'I saw you leave so hurriedly
'And didn't know what to think.
'Look, you'd best get close to that heater—
'What you need is a good strong drink.'

He yattert on in the same-like strain
Sayin' he'd found oot ma name
I wintit tae get ma coat an' clear oot
As I couldna play this game.

'Fair Helen—her face launched a thousand ships . . .
'Huh, in spite o' make-up b' Coty
'I doot if the sicht I'm lookin' the nicht
'Could launch a bairn's paper boatie!'

'I would have got here sooner,
'But I was rather upset by Jill
'Who rolled up to-day in her sports car—
'Say, mind you don't catch a chill!'

I heard masel' say in the far-awa voice:
'She's an awfu bonnie lass . . .'
He said: 'You mean Jilly? Hhmmm, 'spose she *is*'
An' I thocht: 'Oh, the upper class!'

He brocht me a drink an' startit tae plype:
'You know, I feel a bit sorry for Jill.
'She's been acting in Rep. somewhere in the south
'And she's really taken a spill.'

'She's fallen out with the show's new Producer—
'And I know it sounds frightfully ungallant,
'But between you and me, although she looks good,
'The gel hasn't got any talent!'

'I persuaded her to come along here to-night
'Just for a bit of a laugh.
'I daresay the chaps will like her, eh?'
I'd tae stop masel' sayin': 'Nae half!'

'Jill had an unfortunate love affaire
'Got mixed up with a bit of a twister
'He was a wrong 'un and just not the type
'One would choose to marry one's *sister*!'

'Yer *sister*, David? Did I hear a'richt?
'It's daft, bit the angels are singin'.
'Though I look like a bell that never rang
'It can truly be said that I'm wringin'!'

The band wis playin' an auld-fashioned waltz
He said: 'Helen, would you *like* to dance?'
The deil spak up for me, ma faith,
As I answered: 'I'll tak a chance.'

So intae the hall we steppit
Carin' naething for whit fowk were thinkin'
The glances o' envy directit at me
Set the hale village a'blinkin'.

Weel, his feelins' maun be genuine
I've surely passed the test
He's seen me at ma verra warst
Jist wait till I'm at ma best!

I gae'd tae the dance in the village
Jist the usual local affair
Bit I widna swap for a Viennese ball
An' a' because *he* wis there!

WEEL MET!

Fancy us meetin' like this!
I'm here on holiday frae Birse—
Bidin' a week; jist wait till I speak—
Fancy us meetin' like this!

Fancy us meetin' like this!
It canna come up tae Birse—
We're famous, ye see, for pittin' whisky in tea . . .
Fancy us meetin' like this!

Fancy us meetin' like this!
So yer *faither* cam frae Birse?
Isn't this a gie steer? I ken few fowk here—
Fancy us meetin' like this!

Fancy us meetin' like this!
Its a bonnie bit placie is Birse—
I've a need tae be humour't; I'm completely dumbfoonert—
Fancy us meetin' like this!

Fancy us meetin' like this!
Ay man, ye're a lang wye frae Birse—
Oh, ye're makin' yer hame jist oot o' Dunblane?
Fancy us meetin' like this!

Fancy us meetin' like this!
I maun gie ye the news frae Birse—
Say, whit's yer name? gweed b'here, mine's the same!
Fancy us meetin' like this!

Fancy us meetin' like this!
Its a fyle since ye've been back tae Birse?
Weel, we're muckle respectit; it could be we're connectit . . .
Fancy us meetin' like this!

Fancy us meetin' like this!
Jist wait till I tell them in Birse—
I'm fair at a loss; wis yer dog up oor close?
Fancy us meetin' like this!

OMNIBUS EDITION

Come on, sonny, an' tak ma han'
We'll fairly hae tae rush
Noo, Gregory, you behave yersel'
Aince we're on the bus!

I've pit in sic a day wi' ye—
Ye've messed up a' yer claes
Noo, stan' there till I get ma purse
Alis! Get aff ma taes!

Here's the bus, so on ye jump
An' try an' get a seatie
Look, up the steps ye go, ma lad—
No, ye canna hae a sweetie!

That's richt, jist ye move alang
An' you'll get next the windie
If he disna get his special seat
He'll kick up sic a shindy.

One an' a half tae Stoorie Brae—
Oh, I'm awfu sorry, driver
Bit wi' ae thing an' anither
I've naething less than a fiver!

Och, its fine tae be sittin' doon at last
I'm feelin' fair ferfochen
Gregory, stop sookin' the toggles on yer coat
Nae muckle winder ye're chokin'.

Oh, hullo, Mrs Smith—hoo *are* ye?
Whit a bonnie hat ye're wearin'
Gregory, turn roon' an' face the front
Its ill-mennert tae go on starin'.

Sit still an' look oot the windie
See, there's a bonnie collie dug.
I hear the Wilson's hiv hid their third—
Gregory, tak yer fingers oot yer lug!

It wis rainin' fin we left the day
The bus took lang tae come
I'm at ma man tae buy a car—
Gregory, stop crackin' that gum!

I canna stick that clairty stuff
It couldna be good tae eat
Spit it oot at aince, I tell ye—
Gregory, nae on the back o' the seat!

It fair taks it oot o' ye shoppin'
There's an awfu steer in the toon
Did ye hear aboot Jeannie's weddin'?
Gregory look—SIT DOON!

The merriage wis a bittie hurried-like—
I've heard some rumours, hiv *you*?
Gregory, if ye *maun* sing, mak it something else—
Nae 'The Big Broon Coo!'

An' the money I've gaun through the day
I'll really hae tae ca' canny
Gregory, ye impident little deil—
Stop makin' faces at that mannie!

I got a cardigan for ma mither
An' a scarf tae Beth in Montrose
They hidna muckle tae choose frae—
Gregory—stop pickin' yer nose!

Bit a'things sic an awfu price
An' the cost o' butcher meat
I bocht some chops an' a pun' o' mince—
Gregory, tak yer feet aff the seat!

This inflation's gaein' ower wir heids
Ye dinna ken wha tae blame
Gregory, whit d'ye wint tae whisper aboot?
No, ye'll hae tae wait till we get hame!

Whit's that, Mrs Smith? They're sellin' their hoose?
Ay, a gie queer pair, its true
Gregory, whaur's that chocolate?
Bide at peace till I dicht yer moo'.

That's richt, pet, draw floories on the gless
An' keep in your ain place
Eeeh? Whit's *that* ye've written on the pane?
Oh, whaur can I pit ma face?

Jist wait till yer father hears aboot this
He'll surely gie ye hell
The amount that's spent on schoolin' tae—
Gregory, ye canna spell!

If I'd ony mair like this, ye ken
I'd need some extra help
Gregory, if ye dinna sit doon on yer dock—
I'll gie ye a damned gweed skelp!

The time I've hid wi this ill-trickit loon
Tae describe it wirds jist fail me
An' whit he did in his wellingtons—
I hardly dare tae tell ye!

Ah, here we are—oor stop at last,
I've enjoyed wir wee bit crack
Weel, cheerio the noo, Mrs Smith—
Gregory, stop hingin' back!

Come awa, its time tae get aff
Go on noo, dinna scutter
Watch whaur ye're gaein', ye clumsy vratch
Ye've landit in a gutter!

Up wi' yer handie—that's the stuff—
An' wave tae the fowk on the bus
I think the driver's han's up tae—
OH! THE NERVE TAE DAE THAT TAE US!

YANKS—YOU'RE WELCOME!

The Yankee couple in a muckle car
Were tourin' the countryside
The wife wis lookin' for souvenirs
She'd hunted far an' wide.

They passed a cairt piled up wi' manure
The stink aboot knocked them flat
Hiram remarked: 'Well, I'll be durned—
'Just get a load of that!'

THE E'EN O' STRANGERS

It can happen in a crooded bus
In a tearoom or at a dance
Fin only the e'en o' a lad an' lass meet
Its the essence o' romance.

It happens in a draughty station
On a beach in the sooth o' France
Fin only the e'en o' a lad an' lass meet
Its the essence o' romance.

It can happen as a lad's walkin' wi' his lass
An' meets the gaze o' anither
Tae the driver o' a passin' car
While bairnies play wi' their mither.

We dinna ca' it glowerin'
For the admiration's plain
Efter a', its a compliment
An' nane are averse tae them.

Its a kin' o' fleetin' fancy
That whet's the appetite
As if Somebody's playin' a trick on ye
An' colourin' the pattern o' life.

They say a lad regrets the lass
That never can be his
The lass winders whit the lad is like
An' there the difference is.

It disna hae time tae turn soor
Its feenished afore its begun
Bit try an' speculate on't
An' ye sacrifice half the fun.

If the parties should be introduced
Then the spell wid be broken
The mystery lies within itsel'
An' ne'er a wird is spoken.

Its there, its plain; a fact o' life
An' naebody should deny it
Only the prude an' hypocrite
Wid ever dare decry it.

The encoonter's seen forgotten
For the feelin' disna rin deep
Fin the min' maks a secret appintment
The body canna keep!

SECOND DAY'S SOUP

'Mither, can I hae a suppie mair soup?'
I'd bang ma speen on the table
Hoo she'd rage me for ma ill-menners
An' threaten me wi' the ladle.

She'd ca' me an impident deil o' a loon
Bit mair in amusement than scorn
An' say 'Na laddie, we maun guide it
'For it his tae dae the morn.'

Weel, the black pot wis heatit up the next day
An' I'd come tae the table jist mangin'
For it tastit better than ever
Made wirthwhile b' the langin'.

Fin I wis a bairn, siller wis scarce
An' ma mither hid her ain wye o' rationin'
Yet as I grew up, I found oot for masel
Hoo ma taste buds she wis fashionin'.

I smile fin I see some French chef
Kiss his fingers in rapture an' say:
'Tres Bon' ower some wattery consommé
If he'd keep it anither day.

Hoo often ye see 'Soup of the Day'
On a meanyou weel splattert an' torn
Noo, if that wis me, I'd snagger them
An' advertise 'Soup o' the Morn'.

I've suppit soup ower a' the globe
Shark's Fin; Kangeroo Tail; Bird's Nest;
Bit mak nae mistak aboot it
Ma mither's wis far the best.

I aince tastit Veeshwazzy
Efter some gweed Liver Paté
Speak aboot bein' over ratit—
Nae a patch on ma mither's tattie!

There's soup an' soup, baith thick an' thin
In tins or in a packet
I suppose they're a' richt in times o' haste
Bit the genuine canna be whackit.

It souns' pompous, bit I'm nae mean judge
For the standard I set is pure
Fin it comes tae the question o' a plate o' soup
I wid rank as a connoisseur.

Ay, I've sample't fancy bowls an' plates
O' whit the Cockneys ca' 'Loop the Loop'
Bit its the better the day efter makin'—
That hert-warmin' Second Day's Soup!

CASE AN' EFFECT

I wis trauchlin' an' humphin' up the road
Cairryin' a bag an' a case
Fowk are sae bloomin' ill-fashion't
The things they sae tae yer face!

'Are ye gaun awa for a holiday?'
'Its early for a trip tae Dunoon'
'My God, bit *you're* weel laden!'
'Are ye buyin' up a' the toon?'

'It seems yc've a weighty problem'
'Ye're like a fugitive frae the K.G.B.'
Och, their attempts at bein' funny
Were fairly gratin' on me.

'I believe ye're makin' a case o't?'
'Is that the loot frae a raid?'
An' then they'd smirk, an' lauch an' guffaw
At the stoopit jokes they'd made.

'Ye're surely daein' a moonlicht flit—
'Only its braid daylicht'
I kent they were speakin' for speakin's sake
Bit ma teeth I wis beginnin' tae grit.

Truth is, I'd been tae the cleaners
Collectin' some stuff I'd left there
Bit I wis hanged if I'd pit them through it
A witty reply I'd prepare.

Noo bearin' in min' it wis only Wednesday
I tried tae mak something o' *that*
I thumpit up the thinkin'
An' cam up wi' an answer pat.

The next body that hid a clever crack
Got a reply that made 'im look sick
I said 'I'm aff for a dirty weekend
'In the middle o' the week!'

AN APPRECIATION

Thank ye for bein' a freen' tae me
Fin the days contained nae sun
As the roses lost their colour
An' a'body else seemed young.

I ken it couldna hae been easy
Till the last rain-clood wis wrung
Its been a sair test o' wir freendship
Bit noo the race is won.

An' aye ye'd come an' see me
Fin some micht hae turned awa
Hoo ye thole't ma coorse ill-humour
As ower ilka thing I'd thraw.

I often wisna kind tae ye
Lat me be the first tae admit
Bit ye stood yer groun' an' took it a'
Ma faith, ye showed yer grit.

An' hoo ye were there fin I needed ye
Sae couthy, calm, yet alert
Showin' nae the slightest embarrassment
As I openly broke ma hert.

I behaved as though it wis *your* fau't
That I wis in this condition
Ma excuse is—you were nearest
An' I aimed frae an easy position.

Thank ye for bringin' me trockies
An' news o' the warld ootside
For a'thing seemed tae hae stoppit for me
An' it wis comfortable jist tae hide.

Thank ye for bein' a freen' tae me
As I hovert on the ootskirts o' hell
An' for restorin' that priceless possession
The important belief in MASEL'.

THE RECOVERY

Hullo Jock, I'm gled tae see ye
I'm on ma wye back frae the deid
Efter a' this time, I'm aye beddit up
Though the wife thinks I'm swingin' the leed!

I hinna hid ony visitors yet
Bit draw up a cheer an' sit doon
The white flooers are awfy bonnie
They'll fairly lichten the gloom.

Ay, I'm jist haudin' thegither
Ma progress is slow, its true
Sometimes ye think ye're ower the warst
Its a touch-an'-go business haein' 'flu.

Ma heid's nae sae dozent; ma body's less sair
Bit ma legs are like reeds in a gale
A'things sae tasteless an' naething can tempt
An' I'm a thochtie depressed wi' masel.

There's sae mony strains o' the virus—
In diagnosin' the doctor wis vague
I've hid tablets o' twa different sizes
Tae try an' maister this plague.

I've tae sup a spoonfu' o' jeelup
Three times a day, or is't twice?
An' though barricaded wi' het water bottles
Ma back's like a slab o' ice.

I dinna ken whaur I got it. . . .
It maun tak tae the air an' flee
An' in selectin' a suitable landin' spot
It fair took a fancy tae me!

Na, I hinna the cauld; though ma nose feels stapp't up
An' ma e'en are like balls o' fire
I jist canna sattle tae read at a'
Wi' the least exertion I tire.

Bit its good o' ye tae come an' see me
An' try tae cheer me up
Noo, whit's aye daein' aboot the place?
Aw . . . the Rangers are oot o' the cup!

An' Mrs Corbie's ran aff wi' the milkman
Fin her man wis laid low wi' 'flu?
They'd been cairryin' on for a while, ye say?
Dinna tell me . . . jist fancy that noo.

So Benzie's car his failed its test?
Ah weel, it wis a bittie ramshackle kin'
Whit wis the year o't? Eh, is that so?
As a maitter o' fact, sae's *mine*.

Whit doctor's been attendin' me?
Och, that new chap young Dr Spence
He's been reportit for bein' negligent?
Tae me that hardly maks sense.

Its as weel I've got ma gairden in
Afore this bug led me a dance
Ye say there's been some early frosts
An' the seeds winna hae a chance.

The Big Match is in a fortnicht's time
Is there ony chance o' a ticket?
Ye were lucky tae get the verra last ane . . .?
Seems I'm on a sticky wicket.

Whit d'ye mean, is't true aboot Billy?
Go on—oot wi't an' nae hunker-slidin'
If ma laddie's been up tae some caper
I'll bally seen gie 'im a hidin'.

It concerns the lassie McGillivray?
Weel, we a' ken *her* reputation
I'm thinkin' ye're keepin' something back
B' the wye ye're hesitatin'.

Ye suppose there's naething in it?
Bit they were seen comin' oot the pub
Here . . . pass me that box o' ointment
An' I'll gie ma chest a rub.

Och, there's naething wrang—I've a wee pain *here*
Noo, whit else his been goin' on?
It disna tak lang tae loss yer touch
An' miss oot on a' the fun.

An' Geordie Tosh—he's deid an' awa!
It must hae been awfy sudden. . . .
Whit' took 'im? Oh, some kin' o' virus?
Er no . . . I dinna wint ony pudden.

They'd a job gettin' the coffin doon the stair?
Ay, there's a kin' o' nerra twist
We'd the verra same bother wi' the wardrobe
The hoose is the same as *this*!

Oh . . . ye're gaein' awa already?
Ye've a billiards match at the Club. . . .
Weel, min' me tae a' the boys there
I'll seen be re-jinin' the hub.

Afore ye go, will ye pass me that stick?
An' I'll thump on the fleer for the wife
Ta ta then Jock; ay man, I'll take care—
I'm a great respecter o' life!

I'll bang sae loud, it'll wauken the deid—
Na, I'd better scrub that thocht—
I think I'm feelin' hungry kin'
For something the butcher brocht.

HOY THERE, MEG, come up here quick!
I winder whit's keepin' the 'umman?
Whit on earth div wives get tae dae in a hoose?
Ah thocht ye wis never comin'!

Ahem . . . I'm feelin' a hale lot better
I've been laid by up here for weeks
Haud yer tongue, I' ken whit I'm daein'
See here noo—whaur's MA BREEKS?

LOOKIN' FORRIT, LOOKIN' BACK

This is the nicht I've been waitin' for
Ma best claes are a' laid oot
I've been lookin' forrit tae it for sae lang
Bit noo I'm assail't wi' doot.

Its been spoken aboot for ages an' ages
An' this is the queerest thing—
Though hurt I'd be at nae bein' soucht
I dinna wint tae ging!

Ay, this is the nicht I've been waitin' for
It couldna come quick eneuch
I wish I could pit it aff for a fyle
That's daft, bit nae mair than the truth.

For its here at last the Big Event
Wi' fowk frae ilka clime
I've a squeamy feelin' doon below
The butterflees are on overtime!

Its come, its here, this is It
I'm bound tae enjoy masel
Yet maybe I'd better jist gie it a miss
For it wid be simpler jist tae turn tail.

I'm sure there maun be mony
Fa'd gledly change places wi' me
I could send alang wird that I'm nae feelin' weel
Wid I be temptin' Fate b' that lee?

I dinna think naebody wid miss me
(Div I feel as inferior as *that*?)
For ye winna see onybody for a'body
I'd be as the dust on the mat.

Its reckoned tae be the best nicht o' the year
I'm lackin' in confidence, that's a',
I winder if ithers are feelin' like me?
Will I stan' wi' ma back tae the wa'?

An' yet, if I really enjoy masel
It'll become sic a sweet memory
Tae look back on wi' pleasure in years tae come
As a highlicht in life for me.

I suppose I'll be a'richt aince I'm there
Efterhin' there'll be stories tae tell
Bit isn't it funny hoo jist lookin' forrit
Can be mair enjoyable than the thing itsel?

A Love Ballad

THE HAFFLIN LOON AN' THE LADY

I'd see 'er every noo an' then
Fin ca'in' peats on the moss
Golden hair stottin' on 'er shooders
Ridin' by on a big black horse.

She'd never even glance at me
Nae noticin' I wis there
Little kennin' this fine lady
Hoo a lad like me can care.

On harkenin' tae the chatter
O' the chiels in the cornyaird
I found oot she wis Lady Sonia,
A cousin o' the Laird.

They agreed aboot 'er beauty
Bit acceptit she wis oot o' reach
I kent they wid kill themsels lauchin'
If they learned hoo I cherished this peach.

An' the lady 'ersel; whit wid *she* think?
If she'd even gie me a thocht
For tae her I wis non-existent
Lest some miracle could be wrocht.

I keepit ma secret tae masel
Like some treasure far beyond price
I hope-it that something—I didna ken whit—
Wid happen tae brak the ice.

Next time I saw 'er, I watched 'er face
She wis starin' straicht aheid
I noticed hoo she grippit the reins
There wis something there tae read.

For I felt she wisna happy
An' awa in a warld o' 'er ain
Maybe some lad hid broken 'er hert—
A sorrow nae reserved for the plain.

An' later on, in the bothy
Fin some were singin' an' playin'
Ma thochts wid be filled o' the lady
Nae hearin' whit ithers were saying'.

I began tae pick aboot at ma meat
An' roon the plate I'd gie it a shove
Till somebody said 'He's sae dozent—
'I doot oor wee laddie's in love!'

The wye they lauched made me reid in the face
Tae control it, nane are able
If only they kent whit wis in ma min'
I'd dive aneth the table!

They speculatit on wha it could be
Frae Big Bella doon at the pub
Tae the pale-cheeked lass 'cross at Couthiestack—
An' fair enjoyed the rub.

I tried ma best tae lauch wi' them
An' didna gie naething awa
Bit naebody mentioned Ma Lady
An' that flea stuck tae the wa'.

Ye'll be thinkin' whit a feel I wis
Hoo could she ever look at me?
Besides the forbidden social gap
I was saaventeen an' she twenty-three.

Bit in the nicht I wid meet ma love
In dreams whaur naething's amiss
I'd lift 'er doon frae the saddle
An' gie her sweet face a kiss.

She'd be weerin' a goon o' delicate fyte lace
An' I'd be in ma best Sunday suit
Awa we'd go tae the kirk on the hill
Tae the soun' o' a fairy flute!

I'd rescue 'er frae burnin' buildins'
An' ither deeds o' valour
In order tae be a gallant knight
I imagined masel a bittie taller.

Ma Lady thocht I wis true an' brave
An' showed me aff tae 'er fowk
Bit risin' in the grey daylicht, I said:
'Alick, ma lad, ye're a gowk!'

I wished I could write an ode tae her
Though I wisna giftit that wye
Bit doon I sat wi' paper an' pen
An' decided tae gie it a try.

I kent whit I wintit tae say richt eneuch
Bit I couldna get it tae rhyme
So I brunt the paper in the roarin' fire
An' keepit ma thochts in ma min'.

64

If this wis calf-love, 'twas rivin' me apairt
I supposed that in time I'd forget
So I walla't in the painfu' experience
Bein' miserable an' fu' o' regret.

An' aye I wid see Ma Lady
Twa or three times a week
I'd stop an' look up in the hope o' a smile
Bit 'er cauldness made me feel sick.

I began tae wish I'd get ower This Thing
That held me in its grip
It wis sae one-sided an' promised naught
For a young buck should be latten it rip.

At the priggin' o' the rest o' the lads
I attendit a local dance
Though I tried tae flirt wi' the lassies there
I didna mak ony advance.

For the face o' ma lovely Lady
Wis forever in ma min'
An' the mair I tried tae black 'er oot
She cam back like heidy wine.

I walkit hame frae the dance b' masel
Winderin' whit on earth I could dae
I even thocht aboot leavin' ma wark
Surely somebody wid gledly fee me?

I wis passin' by the Linty Burn
Cursin' the tricks o' the meen
For there She wis in a lang pale goon
An' I cried 'Och, lat me aleen!'

I thocht the vision wid vanish
An' I'd hae the clear nicht tae masel
Bit it turned aroon' at the soun' o' ma voice
An' dear God, 'twas the Lady hersel!

I dinna ken which o's wis mair ta'en aback
We lookit at ane anither in guilt
As if nane o's hid the richt tae be there
Syne the doot began tae wilt.

She walked up tae me, a faint smile on 'er face
An' she didna seem haughty nae mair
'Hullo,' she said, in a kindly tone
I felt nervous, bit firmly stood there.

Her loveliness took ma breath awa
An' I could only stan' an' look
She min't me o' the fairy princess
Inside ma auld picter book.

She said, 'I expect you've been to the dance?
'And here you are, all alone.
'Surely some pretty girl took your fancy?
'Why didn't you walk her home?'

I felt tongue-tackit an' awkward
An' I didna ken hoo tae reply
It seemed that she hid noticed this
An' guessed that I wis shy.

Bit in spite o' this, I felt joyfu'
For at last she hid *noticed* me
Ye ken, I think though she'd skelpit ma lug
I'd hae ran tae the ferm in glee.

I cleared ma throat, noo this wis ma chance
I'd tell her aboot the moors
Bit she cut in, sayin' 'My name's Sonia.
'Oh, please, won't you tell me, what's yours?'

I timidly said 'I'm ca'd Alick
'An I wirk ower at Scutteryden'
She said 'I've come up from London
'And I'm staying with Cousin Ben.'

She mentioned she'd best be gettin' back
I wis shakkin' at the knees
Bit she hid the knack o' true gentry
O' pitten ye at yer ease.

B' mutual consent, I think that's the term—
Weel, its as good as ony ither—
We agreed I'd see her up tae the gates
An' aff we set thegither.

She hoistit 'er frock up an inch or twa
Tae step oot an' free 'er feet
An' I saw, bit said naething aboot it,
That the tail o' 'er skirt wis weet.

Weel, we walked alang in the bonnie clear nicht
An' she news't like a non-stop pen gun
She telt me aboot bein' presentit at Court
An' o' fashionable pairties an' fun.

I suggestit she micht find it dull aroon' here
An' she said she'd come for a rest
It wis fine tae get oot o' the toon for a fyle
An' she liked the country life best.

Syne she asked me aboot ma life at the ferm
An' if I'd ony fowk o' ma ain
I telt 'er I wis an orphan
An' the Lady said 'Oh, what a shame!'

At last we cam tae the gates an' the drive
Leadin' up tae the local Big Hoose
We stoppit an' faced each ither
An' I thocht 'Och, whit's the use?'

Then she said tae me in 'er coaxin' voice:
'Would you like to come in with me?
'We can sneak in by the side door
'And grab a cup of tea.'

I stood there like a tattie boodie
An' confess I wis in twa mins'
Something telt me I should haud awa hame
For she wisna like ither quines.

I'd heard stories aboot fine ladies
Wha'd tak up wi' a servant or ghillie
Bit I didna think *she'd* be like that
I supposed I wis jist bein' silly.

Forbye, I micht never get the chance again
Tae live ma private dreams
We got on sae weel, the twa o' us
Noo the lady an' me were freens'.

If she read ma thochts, her breedin' forbade
That she say onything aboot it
I acceptit there an' then wi' warmth
Hoo could she ever doot it?

So up the mossy drive we walked
Wi' the meen teetin' through the trees
As if spyin' on wir secret tryst
Bit it widna clype nor tease.

We gae'd in b' a door at the side o' the hoose
An' Ma Lady said 'Mind the step!'
She led me alang tae the kitchens
Whaur I took aff ma kep.

She busied hersel at makin' the tea
An' gie'd me a seat b' the stove
I thocht hoo capable the Lady wis
Wi' the pride that comes frae love.

'Alick,' she said, as she passed me ma cup
'I should really be angry with you.'
She lauched at the gypit look on ma face
An' a' I could answer wis 'Hoo?'

Then it dawned on me as tae whit she meant
An' I took a sup o' ma tea
Syne boldly said 'I'm sorry M'am,
'For interruptin' yer . . . reverie.'

She said 'There's something smart about you.
'I'd say you were quite observant.
'And stop saying "M'am" and "Milady"
'After all, you're not a servant!'

'Now I don't call you "Mister Alick"
'So I think that's a bit unfair
'Remember my name is Sonia' . . .
An' she tossed her golden hair.

We chattert awa aboot horses
An' I telt 'er I'd seen 'er oot ridin'
She said 'Didn't see you; but my eyesight's poor'
An' I jaloused there wis something she's hidin'.

I spier't whit her cousin wid say tae her
For invitin' the likes o' me in
She replied 'Ben's a good sport. He's snoring in bed—
'And we're not making any din.'

She perched on the kitchen table
An' drained 'er cup tae the dregs
Then set it doon withoot a care
An' swung 'er shapely legs.

The time cam for me tae be knipin' on
An' mak nae mistak, I wis sweer—
Bit I'd an early stairt the next day
Whit's mair, that day wis noo here.

She escortit me oot tae the grouns' again
Sayin' 'I'll see you when next I'm out riding'
Syne she leaned across an' gied me a kiss
An' I wished tae God I wis bidin'!

Och, it wisna lang an' lingerin'
Like a lassie micht kiss 'er lad
Bit as a weet flooer gently brushes yer cheek
Whit some wid ca' a craw-dab!

I set aff doon the drive in sic a like birl
There's been naething since tae compare
I lowpit aboot an' skirl't for joy
An' threw ma bunnit up in the air.

70

In the bothy the lads were comparin' notes
Chay was rubbin' his e'en
An' Donal, as seen as I cam in, said:
'Whaur the hell hiv *you* been?'

It wis hardly worthwhile gaein' tae ma bed
I wis ower excitit tae sleep
An' Donal could blaw aboot the lassies he'd hid
Bit wee Alick never lat cheep!

Weel, I met Ma Lady the next Tuesday—
She'd left her horse at the smiddy—
The only soun' in the hale countryside
Wis the cawin' o' craws in the widdy.

I stoppit ma wark, an' that wisna like me,
An' we walked for a fyle on the moors
We yattert awa the best o' freens'
An' I picked 'er a bunch o' wild flooers.

We arranged tae meet on Friday
I hid every cause tae cheer
At the back o' ma min' there hovert the thocht
That 'er botherin' wi' me wis *queer*.

Friday cam, the sun wis het
An' I looked for a spot that wis shady
I waitit an' waitit; disappintment ran rife
Bit there wis nae sign o' Ma Lady.

I kent I shouldna be angry wi' 'er
The privilege wis hers tae refuse
I telt masel if she didna turn up
She'd hae a gweed excuse.

Up at the ferm for ma denner
The hoosekeeper wis reid-e'et an' upset
Bit enjoyin' hersel in a morbid wye;
An' I can hear her wirds even yet.

'Oh, sic a like thing his happened—
'I heard it frae the lad wi' the breed—
'That the lovely Lady Sonia
'Wis found this mornin' deid!'

'Her maid took in her mornin' tea
'An' thocht her deep in sleep
'Bit she'd slippit awa tae her lang hame
'Wi' some wild flooers pressed tae her cheek.'

The fowk at the table said the usual things
I sat frozen like a stane
I swore I'd never like mince again
An' wished I could be on ma 'lane.

I dinna ken hoo I got through the meal
Bit naebody remarked on ma state
I suppose they pit it doon tae ma youth
An' I'd been aff ma grub o' late.

At last I wis at the moss b' masel
An' noo I could safely greet
Bit the tears widna come; there wis nae relief
So I yokit intae the peat.

I chanced tae look across tae the moors
An' saw the big black horse
The shock I got at the sicht o't
Only addit tae ma remorse.

The rider wis a youngish chiel
Nae muckle aulder than me
I waved 'im tae stop—I hid tae ken
I couldna leave it a'be.

It turned oot he wis under-gairdener
In the employment o' the Laird
He dismounted frae the horse in a trice
An' this wis the story I heard.

Lady Sonia hid come up frae London
Kennin' 'er days were numbered
She hid some growth affectin' the brain
Bit she didna wint onybody encumbered.

She'd insisted on behavin' like normal
Though she'd broken aff her engagement
Tae some army officer or somebody like that
An' he hidna liked this arrangement.

Bit sometimes the Lady hid looked morose
Though she tried sae hard tae be brave
It wis sad that sic beauty hid gone frae the warld
An' in three days she'd be in 'er grave.

Fin he left me, I pondered things for masel
An' oor meetin' that nicht at the burn
If her frock wis sae weet, she'd *waded* in—
The meanin' fair gie'd me a turn.

They buried Ma Lady in the local kirkyaird
An' the warm weather suddenly broke
The rain poor't doon addin' tae the grief
O' the crood o' black claithed folk.

73

I keepit awa frae the mourners
I micht hae been oot o' place
An' stood b' masel some distance awa
Wi' mair than rain on ma face.

As the cortege entered the cemetery gates
The black horse wis walkin' ahin'
Its heid seemed bowed in silent respect
Sic sorrow'll ne'er come again.

This sicht it moved me like naething else
An' I wis frozen stiff nae mair
Oh Ma Lady! Oh Ma Lady!
I grat till rackit an' sair.

I noticed amon' the Laird's company
A young officer o' the cavalry
His face wis white wi' tremblin' lips
Bit he couldna love 'er like *me*!

I twistit ma bunnit in ma han'
As I stood back frae the lave
The Minister wis sayin' the final wirds
As they lowered 'er intae the grave.

I waitit till a'body else hid left
An' the grave wis happit ower
O' flooers I've never seen the like
Bit the rain lashed them wi' its power.

I knelt doon an' placed ma ain tribute
Some buttercups an' forget-me-not blue
'Goodbye ma dearest Lady,' I sobbed
'I'll never ever forget *you*.'

Shortly efter I left the ferm
An' moved frae place tae place
I never cam back tae the district again
The memory wis ower great tae face.

Weel, a' this happend a lang time ago
Twa warld wars hiv intervened
I did ma bit for whit it wis wirth
As politicians planned an' schemed.

I never cared whit happened tae me
Through a' the trouble an' strife
Ma health's been good, I've been able tae wirk
An' lived a lang hard life.

I've warsl't awa, fendin' for masel
Latten naething special daunt me
Bit a body fins' as they're gettin' on
Hoo the young days come back tae haunt ye.

The joys an' sorrows o' yesteryear
Appear sae clear an' fresh
While the happenins' o' the day afore
Vanish beyond distress.

An' I hiv ma little romance—
Its a bittersweet recollection
Rinnin' through ma brain like a cine-film
Recalled at a second's direction.

It maks an appealin' story
An' a title I've thocht oot already
In letters set in boldest print—
'The Hafflin Loon an' the Lady!'

SPRINGS TAE MIND

Sae mony poems hiv been written aboot Spring
Its the season favoured b' a'
Fin first the early buds peep oot
Tae celebrate the defeat o' the snaw.

They sing o' crocuses an' snawdraps
Lookin' delicate bit defiant
Or the modest romantic violet
Like auld freens' calm an' reliant.

Then come the daffodils an' primroses
An' tall tulips in the sun
The air's aye snell bit the hope is high
O' better days tae come.

Aipple blossom against a clear blue sky
Sets the young lovers a-dreamin'
An' wee lambies kickin' up their heels
As if they kent the verra meanin'.

An' somebody writes tae the papers
On hearin' the first cuckoo
A soarin' lark taks up the tale
Nae original, yet forever new.

Noo me, I tend tae be different
Though these things are worthy o' mention
An' I've set this doon withoot much art
Tae show ma best intention.

For me, the herald o' better times
His nae beauty, though the e'en it dims
Its the throat-catchin' effect in the sharp clear air
O' the smell o' burnin' whins!

To NEWTONHILL BURNS SUPPER,
the organisers, performers and wonderful audience

(A Fantasy—or is it?)
The Martian in the Midden

There's a Martian in the midden
At the ferm o' Kitliesark
I warn ye nae tae come up here
Especially fin its dark.

It startit 'boot a month ago
Though I've lost the track o' time
On a certain nicht I couldna sleep
For stoonin' in ma wime.

I rose up an' took bakin' soda
In an attempt tae get relief
An' chanced tae teet oot the windie
Tae a sicht beyond belief.

A coloured licht up in the sky
That seemed tae be fa'in slowly
Syne altered course an' cam closer kin'
Wis I witnessin' something Holy?

I wis fair shakkin' in ma sheen
An' waukened up ma man
Bit that wis far frae easy
For he's surly an' he's thrawn.

Weel, I got 'im tae the windie
Sayin' a 'plane hid come tae grief
An' we'd hae tae gie assistance—
So he wraxed oot for 'is teeth!

The Thing wis comin' nearer
Noo we could see it clear
Shape-it like a saucer
Wi' a silvery veneer.

I thocht I'd drap doon died wi' fricht
In the spot whaur I wis stan'in'
We seemed set for a close encoonter
For the damned thing it wis landin'!

It cam doon in the park ahin' the byre
Withoot much soun' at a'
An' I lowpit back intae ma bed
Wi' ma face turned tae the wa'.

I pull't the blankets ower ma heid
Like I div fin I hear thunder
For I'd nae wish tae be chosen
Tae witness a warld's wonder!

Noo Jeck, ma man, the practical kin',
Wis pittin' on 'is beets,
Sayin' he'd gie the b . . . ers dirdum
For fleggin' a' the beasts!

'Oh Jeck,' I cried, 'Dinna leave me here'
As the tears ran doon ma face
'That Thing oot there's nae hairyplane
'It cam frae Ooter Space!'

Bit Jeck wis as determined—
Noo I telt ye he wis thrawn—
So I said 'I'm comin' wi' ye!'
Efter a', he *is* ma man.

We doon the stair thegither
Jeck ready for the wiggin'
Wi' me hingin' on tae his sark-tail
Aye peengin' awa an' priggin'.

We got oot tae the yaird at last
I wis terrifleggit oot ma skin
I tell ye I'd hae faintit
At a gorblet brakkin' win'.

Bit Jeck, he steppit forrit
Its the truth, as I can tell
He wis ready for a rammy
An' began wi' 'Whit the hell?' . . .

The wirds they froze upon 'is lips
An' I wished that he wis bigger
As roon' the corner o' the byre
Appeared the queerest jigger!

It wis weerin' a sheeny tracksuit
An' cairried a weapon reid
It waddled awa like a muckle dyook
A gless bowl upon its heid.

As it cam a bittie closer
I could jist mak oot its e'en
A' sparkly like, the *three* o' them
An' a bonnie shade o' green.

It seemed tae be lookin' richt *at* us
An' noo I must admit
If it hid burst oot lauchin'
I widna hae mindit a bit.

As representatives o' this earth—
An' settin' aside a' fricht—
Whit an unlikely pair were Jeck an' me
For we looked a sorry sicht.

Jeck in his auld bunnit
His sark-tail an' his beets
Me wi' ma flappy nichtgoon
That reacheddoon tae ma qweets.

There wis dads o' cream upon ma face
As recommendit b' the Beauty League
An' as mony curlers in ma hair
I wis sufferin' frae metal fatigue!

The Thing approached an' raised its airm
In a salutation or greetin'
Though at the time I wisna sure
If it intendit tae start sheetin'.

Syne it *spoke*—Oh, losh preserve's!
An' complimentit us on bein' heroic
That it hid the power tae speak a' tongues
An' *that* includit the Doric!!

I wis fear't lest Jeck pit 'is fit in't
An' replied 'Oh, hoo dae ye do?'
An' gie'd wir names an' full address—
As Jeck said 'Shut yer moo!'

Ye ken, I wis gettin' interestit noo
At meetin' this Martian man
An' whispert tae Jeck we maun be polite
An' offer him a dram.

Bit Jeck's grippy wi' his liquor
Tae waste its his greatest dreed
He said 'Ach, 'umman, haud yer tongue.
'A drunk Martian's *a'* we need!'

The cratur screwed its face up
In whit I took for a smile
An' said they'd mak their base here
An' stick aroon' for a fyle.

On the whole, he wis bein' freendly
Though we hidna gie'n 'im a nip
An' invitit us tae meet 'is colleagues
Fa were waitin' in the muckle spaceship.

So we toddled awa ahin' 'im
An' up inside the contraption
Och, sic a like place wi' gadgets
They seemed equipped for action.

There wis a tin mannie wirkin' a thing wi' dials
I think he wis a kin' o' computer
He spoke tae us in a jerky voice
Ay, jist a gie queer footer!

I wis introduced tae a chiel frae Venus
Blonde haired, wi' a cleft-like chin
I thocht he was awfy good-lookin'
In fact, I quite fancied *him*!

There wis anither ane that looked human
Though he wis made up o' batteries an' wires
I think he wis whit they ca' an . . . adenoid—
An' they adjustit him wi' pliers.

Oor dog, fa strangely, didna bark
An' seemed tae get nae fleg
Cam rinnin' up tae the spaceship
Syne stoppit an' cockit its leg!

This action seemed tae please them
Weel, there's nae acoontin' for taste
Six o' them arranged they'd bide at the ferm
While the ithers decided tae mak haste.

We said ta-ta an' best o' luck
As the spaceship took off again
An' I kent, that come win' or weather—
Life wid never be the same.

There wis reports o' fowk seein' U.F.O's
Bit it wis thocht that their wits they'd tint
The episode dee't a natteral death
An' they were tell't tae pit mair watter in't.

So . . . there's a Martian in the midden
A Vulcan in the shed
Somebody frae Saturn in the henhoose
An' a Venusian in the spare bed!!

They're supposed tae be studyin' life on earth
Bit there's nae strict compliance wi' wishes
Yon good-lookin' lad frae Venus
Gies me a han' wi' the dishes!

The weeds alang the roadside
Hiv fairly gotten a scare
For they've brunt them wi' their laser beams
An' there's nae a docken tae spare.

My, bit they're awfy handy
An' whit's mair, they're hoosetrained an' clean
Bit naebody else his met them yet—
For they dinna wint tae be seen.

The hens are sheetin' oot the eggs
Like a machine usin' tracer bullets
The auld cock's been made redundant
An' noo its the day o' the pullets.

The coos are producin' the creamiest milk
Things are happenin' wi' sic ease
Wir visitors believe in the personal touch
An' it sometimes comes oot like cheese.

Of coorse, things are a' different noo
Bit ye ken, It suits me fine
The dog's mechanised an' chooks aboot
An' we're ca'in him K9!

An' a Dalek's ran aff wi' the backet
For whit purpose, I've never found oot
An' the phone box that stans' at the fit of the road
Rises up an' flees aboot.

Even Jeck admits life's easier
An' there's mair tae come, by heck,
For they've offered tae gie us a holiday—
A kin' o' special Star Trek.

Och, I've been tempted tae write tae the papers
An' the television fowk as weel
Then I tak it tae masel again—
This Thing, it hardly seems real.

Bit Jeck says 'There'll be nae scientists or reporters
'I'm keepin' this a' tae masel,
For aince, I'm in agreement wi' 'im,
So there's nae muckle mair tae tell.

Ach, ye can keep the cupids an' statues
Ye see at some stately homes
For a Martian in the midden
Beats a' yer gairden gnomes!

I widna hae missed this for onything
So richt noo, I'll jist mak it plain
If ye're wintin' a Martian or sic-like—
Awa an' get yer ain!

Based on fact

TO WHOM WE RAISE OUR HATS

Matty, the village idiot
Wis walkin' alang the street
Up i' the back wi' gapin' moo
His coat doon tae his feet.

Andy, the local publican,
A successfu' man at that
Bit hard an' a bittie aff-takin'
Mockin'ly raised his hat.

An' Matty stoppit in his tracks
Syne proudly straichtened himsel'
Sayin' 'Ye needna raise yer hat tae me—
'I wis aince a puir man like yersel!'